Titolo dell'opera

52 volte TPR: un cavallo ad alta risoluzione - anno 2010

ISBN: 978-1-4467-5312-5

Copyright © 2010 *Annalisa Parisi*

Tutti i diritti riservati

Un viaggio attraverso le immagini

È una passione.

Non chiede permesso né tanto meno bussa.
Entra prepotentemente e si piazza al centro.

L'Aquila, dicembre 2010

52 volte T.P.R.

UN CAVALLO AD ALTA RISOLUZIONE

anno 2010

2010

L'intensa attività che da alcuni anni a questa parte si concentra intorno al comparto "attacchi" del CAITPR (*Cavallo Agricolo Italiano da Tiro Pesante Rapido*), ha portato notevole valore aggiunto alla razza, riuscendo nel giro di poco a raggiungere grandi risultati in termini di consenso e popolarità calcando ring prestigiosi come quello di FieraCavalli a Verona, del "Salon du Cheval" a Parigi, di Equitana ad Essen e della primissima edizione di Romacavalli 2010, senza tuttavia trascurare le piazze che lo hanno reso famoso e che ne rimarcano l'attaccamento al comparto agricolo-allevatoriale: da Cittareale a Montebuono, passando per Tuscania, Frasso Sabino, Accumoli, Padova, Bari, Corvaro, Ferrara, Vicenza e L'Aquila. Una serie di immagini per raccontare una razza in 52 settimane: un susseguirsi di flash che lo vedono come protagonista per tutta la penisola e non solo! Dalle cornici paesaggistiche, alle performance artistiche e spettacolari, l'entusiasmo degli allevatori sempre direttamente coinvolti nel "binomio" d'eccellenza che da sempre imperversa nell'immaginario collettivo.

Annalisa Parisi

RITRATTI

"[...] Un cavallo forte, potente, bello, è la proiezione di un sogno e ci permette di essere migliori in una realtà migliore"

(P. Brown)

ATTACCHI

"[...] e noi vogliam credere a' Poeti, non v'è dubbio alcuno,
che i Cavalli sono antichissimi fin dal tempo,
che levata la confusione degli elementi, detta Caos,
e ridotta in ordine, cominciò il Sole à far il suo viaggio.
Il quale non lo poté fare senz'essi, essendo il suo carro
guidato da quattro cavalli. Apportando adunque i cavalli
il giorno e la luce, fanno fede, che siano antichissimi,
e perfettissimi."

(Claudio Corte – Il Cavallerizzo)

STALLONI

"[...] La passione vera non conosce l'utilità, non conosce alcuna specie di benefizio, alcuna specie di vantaggio.
Vive, come l'arte, per sé sola.
La passione per la passione, la prodezza per la prodezza, il coraggio per il coraggio, l'amore per l'amore, l'ebbrezza per l'ebbrezza, il piacere per il piacere.

(Gabriele D'Annunzio)

VALDANO da Gonzales per Vauban

ALTIVO da Sirio CP per Vauban

AGADIR da Sirio CP per Norcino

RIALTO CP da Isard per Doucig

SIRENTE da Lirico per Vauban

VIDORO da Lulu de L. per Discolo 2

NOUGAT DC da Dig Dao DI0553 per Tonus TH0292

ARGENTO da Unico per Gonzales

BRIVIDO da Unico per Gonzales

BENITO da Turbo per Gonzales

ZORRO da Jupiter per Ciclone

IL CAVALLO AGRICOLO ITALIANO DA TIRO PESANTE RAPIDO

UN DOVEROSO EXCURSUS SULL'EVOLUZIONE DELLA RAZZA

La storia della razza "**Cavallo Agricolo Italiano da Tiro Pesante Rapido**" (CAITPR) prende ufficialmente il via nel 1927 con la nascita della prima generazione di puledri registrati nelle "stazioni di fecondazione selezionate" istituite con apposito "*Regio Decreto Legge del 13 agosto 1926*".

L'origine di questo ceppo equino affonda le proprie radici già nei decenni precedenti. Storicamente l'Italia non ha mai annoverato nel proprio patrimonio equino alcuna razza da tiro pesante, tuttavia a partire dal 1860, la consistente concomitanza di interessi che si palesò sia tra le autorità militari dopo l'unità nazionale, sia tra le realtà agricole delle medie e grandi imprese del Nord Est della penisola, favorì azioni mirate volte alla creazione di una stirpe di equidi atta al soddisfacimento di esigenze così incombenti. Da una parte l'Esercito manifestava la necessità di una tipologia di cavalli da Tiro Pesante Rapido che fosse in grado di soddisfare il fabbisogno dell'artiglieria (non a caso si parla nei primi decenni del '900 anche di Cavallo Artigliere); dall'altra anche i tenutari agricoli avvertivano impellenze analoghe circa l'impiego di animali da finalizzare ai trasporti aziendali ed ai lavori rurali complementari quali la sarchiatura, la semina e la fienagione. Dopo numerose prove d'incrocio tra gruppi di fattrici autoctone, prettamente di ceppo Hackney, nonché in misura minore Percheron, Bretoni, Belga ed Ardennesi, allevate nelle aziende agricole delle pianure del Nord-Est d'Italia che ricadevano sotto la giurisdizione del Deposito Stalloni di Ferrara (diretta emanazione operativa del Ministero della Guerra) con le più rinomate razze da tiro europee, si ottennero i primi risultati in senso selettivo, già tra il 1910 ed il 1930 come frutto di un'ibridazione verificatasi utilizzando prevalentemente stalloni di razza Norfolk-Bretoni. Ad una fase iniziale di incroci, sebbene rallentata a causa del primo conflitto mondiale, fecero subito seguito procedimenti selettivi mirati alla delineazione di linee di sangue tutte italiane. Assai positivi i primi risultati giacché fin da subito si riuscirono ad originare soggetti robusti di mole medio-pesante, nondimeno dotati di eleganza e brillantezza nei movimenti. Dal 1926 si iniziò ad operare nelle "*stazioni selezionate*" individuando gruppi di fattrici che rappresentassero la base materna originaria della razza; nell'anno successivo la prima generazione ufficialmente controllata ed avviata ufficialmente la costituzione di genealogie italiane di cavallo di tipo "*agricolo-artigliere*", altrimenti denominato "derivato bretone". La culla della razza risultò fin dai suoi esordi il bacino geografico della pianura del Veneto, di Ferrara e del Friuli. Tuttavia, nel corso del processo evolutivo della razza si è assistito ad una progressiva espansione lungo la dorsale appenninica sino ad estendersi in ampie aree dell'Italia centro-meridionale.

Il **Libro Genealogico** (LG), costituito nel 1927, conta attualmente oltre 6.500 capi di cui 3.000 fattrici, raggruppati in ben oltre 1.000 allevamenti. Particolare attenzione fin dalla nascita delle prime generazioni venne posta sulla scelta giovani soggetti maschi e femmine che attraverso un percorso consapevole andarono progressivamente ad affiancare i loro genitori bretoni. Al fine di valorizzare la razza vennero altresì istituiti concorsi morfologici, (è datata 1934 la prima edizione della Mostra Nazione di Verona), dedicati prevalentemente ai riproduttori ma a cui aderirono fin da subito numerosi allevatori presentando anche fattrici e puledre di pregio. Furono inoltre ideati meccanismi marketing "*ante litteram*" strutturati come prove funzionali per esemplari maschi di tre e quattro anni durante le quali era prevista l'effettuazione di percorsi nei quali destreggiarsi con carico prestabilito in tempi precisi e a diverse andature.

Anche i numeri testimoniano il crescente interesse verso questa tipologia di produzione ippica, nonostante il carattere assolutamente innovativo per la nostra penisola. Le fattrici iscritte alle stazioni selezionate aumentarono progressivamente da circa 50 a 250 unità già alla fine degli anni '30. Ogni anno la razza registrò una media di 50 giovani stalloni che vennero re-impiegati in parte come riproduttori selezionati dal Deposito di Ferrara, in parte, forse anche in maniera più consistente, vennero acquistati da "*stallonieri*" privati o altresì destinati agli altri Depositi Stalloni presenti sul territorio. Infatti, fin dalla metà degli anni '30 nei Deposito Stalloni di Crema (Italia nord occidentale), di Reggio Emilia (Emilia Romagna e Marche) e di Pisa (Italia Centrale) vennero registrati gli acquisti di giovani riproduttori cosiddetti "derivati bretoni". Così come avvenne per la Grande Guerra, anche il secondo conflitto mondiale provocò un arresto del processo evolutivo della selezione che, sebbene tra innumerevoli difficoltà, si risolse nell'immediato dopoguerra. In quegli anni la richiesta in ambito militare andò scemando a vantaggio dell'agricoltura, grazie alla richiesta di imprenditori di piccole e medie dimensioni che manifestavano ancora grande interesse verso la trazione animale da impiegare sia nei trasporti aziendali sia nei lavori complementari con cui integrare e affiancare i "motori" che si diffondevano sì una certa celerità, ma a costi ancora proibitivi per le masse. Gli anni '50 rappresentarono un periodo di rinnovato interesse per il CAITPR, anche grazie alla diffusione di riproduttori in aree sempre più vaste e diversificate che arrivarono ben oltre la zona storica toccando la Lombardia, l'Emilia Romagna, l'Abruzzo, la Puglia e la Sardegna. L'ufficializzazione dell'attuale denominazione "**Cavallo Agricolo Italiano da Tiro Pesante Rapido – CAITPR**" come riconoscimento dello standard di razza autonoma per questo tipo di produzione equina, va inquadrata nel periodo a cavallo tra il '40 ed il '50. Sul finire degli anni '50 venne istituito il Libro Genealogico, in sostituzione del precedente controllo selettivo della produzione attivato nel 1927 nelle cosiddette "*stazioni selezionate*". A questo fervido periodo di espansione seguì un decennio caratterizzato da una forte crisi che si protrasse sino alla fine degli anni '70. Molti allevatori storici, in particolare i grandi tenutari, diversificarono le proprie attività verso contesti aziendali sempre più orientati alla meccanizzazione ed alla specializzazione produttiva. L'allevamento di questo ceppo equino con un buon numero di soggetti restò appannaggio delle piccole realtà agricole-allevatoriali, confermando il crescente interesse verso la razza nel centro-sud della penisola. In questo modo il cavallo agricolo venne sottratto al triste destino cui andò incontro ad esempio il derivato belga-ardennese che invece sparì dalla realtà organica selettiva ed allevatoriale italiana. Interessante registrare l'importante giro di boa relativo allo scopo economico della razza a metà degli anni '70 allorché l'interesse degli allevatori virò drasticamente dall'impiego dei soggetti nei lavori aziendali alla produzione di carne, cui si deve, al di là di ogni considerazione moderna rispetto all'ippofagia nel nostro paese, la sopravvivenza del *CAITPR* e di diverse altre razze non sportive. Sul finire degli anni '70 la gestione del Libro Genealogico (**LG**) passò dall'Istituto d'Incremento Ippico di Ferrara (ex Deposito Stalloni militare) **all'Associazione Nazionale Allevatori del Cavallo Agricolo Italiano da TPR (A.N.A.C.A.I.T.P.R.)** che attualmente se ne occupa su delega e sotto il controllo del Ministero per le Politiche Agricole e Forestali. Le nuove normative in merito ai Libri Genealogici delle specie zootecniche, consentirono l'importante passaggio e permisero all'ANACAITPR di operare largamente su tutto il territorio nazionale grazie ai propri soci rappresentati dalle **Associazioni Provinciali Allevatori** (APA) dislocate in tutte le Province d'Italia, favorendo così l'espansione del controllo selettivo ben oltre i confini della zona storica. Grazie infatti al continuo flusso di stalloni che sin dagli anni

'30 uscirono dalla culla d'origine per essere impiegati in molte altre aree del territorio italiano come riproduttori su parchi di fattrici autoctone, si era ormai intessuta una consistente base di popolazioni **CAITPR** che vennero nel tempo assorbite dal **Libro Genealogico**. Precursori in tal senso furono gli allevatori pugliesi che già sul finire degli anni '70 iniziarono la propria attività ufficiale di selezione, affiancandosi ai colleghi dell'area storica e successivamente a quelli dell'Italia centrale, proseguendo sistematicamente dagli anni '80 sino ad oggi nella valorizzazione dell'allargamento della base selettiva su cui si fonda l'attuale **Libro Genealogico**.

Il **Libro Genealogico** (LG) conta oggi oltre 6.500 capi di cui 3.000 fattrici, raggruppati in ben oltre 1.000 allevamenti. Il marchio della razza è uno scudo con al suo interno una scala a cinque pioli che riproduce il simbolo della città e della provincia di Verona a rimarcare il legame storico d'origine con questa zona. I soggetti iscritti al **Libro Genealogico** (**LG**) vengono valutati una prima volta "*sotto madre*" ad un'età compresa tra due e sette mesi circa. Avviene poi una seconda valutazione a "*30 mesi*" per l'accesso definitivo all'LG. Il marchio viene apposto alla coscia sinistra ai puledri valutati positivamente "sotto madre", mentre il secondo marchio viene impresso sul collo sempre sul lato sinistro a "*30 mesi*". Il **CAITPR** si caratterizza per un peso adulto che può variare da 700 a 900 Kg. La notevole precocità dei puledri e la buona attitudine lattifera delle fattrici fanno sì che già ad 8-10 mesi i soggetti raggiungano 450-550 Kg. di peso. La "statura obiettivo" è compresa tra i "156 e 162 cm." per gli stalloni e tra "153 e 160 cm." per le fattrici. Il **CAITPR** può essere ben allevato in stabulazione oppure allo stato brado. Negli allevamenti stallini è possibile valorizzare i vecchi stabili completandoli con paddock e con delle ristrutturazioni a costo modesto. Negli allevamenti bradi è invece possibile valorizzare i pascoli anche più difficili o di qualità modesta.

Il **CAITPR** risulta quindi un valido strumento per la gestione degli spazi naturali e delle zone caratterizzate da fragili equilibri ecologici. Cavallo che ha conservato il suo carattere docile, il **CAITPR** è particolarmente adeguato ad essere utilizzato nelle attività alle redini lunghe. Gruppi di appassionati lo impiegano tutt'oggi nel lavoro agricolo e nei lavori forestali di esbosco. Resta comunque un eccezionale riproduttore per la selezione di muli pesanti che è peraltro da sempre una delle attitudini storiche della razza. Il carattere mansueto e la sua insospettabile nevrilità, aspetto sempre curato nella selezione attuale, ne fanno un cavallo ideale per gli amatori dello sport d'attacco, senza tuttavia compromettere un'ulteriore dose di valore aggiunto grazie alla possibilità d'impiego nelle aziende che si dedicano ad attività agrituristiche e nondimeno escursioni naturalistiche nei parchi e nelle riserve.

"NOMEN OMEN"

Il **2011** sarà la volta dei nascituri con la lettera **E**: mi vengono in mente **Emma**, **Eugenia**, **Epona** ed **Euridice** per le puledre; **Efestione**, **Ettore**, **Eolo** ed **Ermes** per i giovani maschi.

Annalisa Parisi

"[...] Le idee ispirate dal coraggio sono come le pedine

negli scacchi: possono essere mangiate

ma anche dare avvio ad un gioco vincente".

(*J. Wolfgang Goethe*)

www.ingramcontent.com/pod-product-compliance
Lightning Source LLC
Chambersburg PA
CBHW041124300426
44113CB00002B/50